油菜多功能利用之油菜薹

常海滨 黄 威 胡海珍 李 宁 主编

中国农业科学技术出版社

图书在版编目（CIP）数据

油菜多功能利用之油菜薹 / 常海滨等主编. -- 北京：中国农业科学技术出版社，2021.9

ISBN 978-7-5116-5468-7

Ⅰ.①油… Ⅱ.①常… Ⅲ.①油菜—综合利用—研究 Ⅳ.① S634.3

中国版本图书馆 CIP 数据核字（2021）第 172780 号

责任编辑　穆玉红　李美琪
责任校对　马广洋
责任印制　姜义伟　王思文

出 版 者	中国农业科学技术出版社
	北京市中关村南大街 12 号　邮编：100081
电　　话	（010）82109707（编辑室）　　（010）82109707（发行部）
	（010）82106629（读者服务部）
传　　真	（010）82109707
网　　址	http://www.castp.cn
经 销 者	各地新华书店
印 刷 者	北京建宏印刷有限公司
开　　本	170 mm×240 mm　1/16
印　　张	5
字　　数	80 千字
版　　次	2021 年 9 月第 1 版　2021 年 9 月第 1 次印刷
定　　价	39.00 元

版权所有·翻印必究

《油菜多功能利用之油菜薹》编委会

策　划　陈展鹏
主　编　常海滨　黄　威　胡海珍　李　宁
副主编　蔡正军　卢华平　周　坚　赵俊立　吴　宇
成　员　（以姓氏笔画为序）
　　　　马海清　王明辉　孙　伟　肖齐胜　张　羽
　　　　张继新　夏振洲　殷　辉　梅少华　鲍五洲
　　　　熊　飞

前　言

我国是全球油菜的主产国之一，种植面积和产量均占世界的20%左右，仅次于加拿大，均居世界第二位。当前，菜籽油在我国居民消费食用油中占比20%左右，仅次于豆油，是最主要的食用油来源之一，对稳定和巩固我国食用油安全发挥了巨大的作用，获取足够的菜籽油也是种植油菜最重要的目的。

近年来，我国油菜产业发展受到世界市场的严重冲击，种植比较效益偏低，产业发展起伏较大，种植面积有下滑趋势。为了提高油菜种植效益，稳定油菜种植面积，巩固我国油菜生产地位，傅廷栋、王汉中等多位院士专家提出，在确保油菜"油用"地位的前提下，大力发展油菜"饲用""薹用""花用""肥用""蜜用"等多种功能利用途径，并在生产应用中获得了较好的经济和生态效益，成为油菜产业"双全"战略的重要举措。

甘蓝型油菜薹具有天然的蔬菜起源和进化基础，经过育种家的努力，油菜薹的品质得到大幅改善和提高，已经显著优于红菜薹、白菜薹、上海青等常见的蔬菜，一大批优良"菜用"油菜品种也得到了广泛利用，王汉中院士团队还选育出了全球首个硒高效菜用油菜品种"硒滋圆1号"，这些专用品种的选育为油菜"薹用"技术的推广发挥了重要的作用。同时，油菜薹应用技术也在全国油菜产区得到较快推广，除了给市场供给新鲜油菜薹之外，各地还在油菜薹深加工方面进行了很好的探索，出现了一批有较好经济效益和社会效益的经营主体。

《油菜多功能利用之油菜薹》一书，系统总结了我国"薹用"油菜发展和应用取得的经验和技术成果，以期为全国从事该项工作的人员提供参考和借鉴。

《油菜多功能利用之油菜薹》全书共6章，主要包含油菜薹简介、主推品种、栽培技术、食用方法、应用案例和产业发展建议。本书力求反映我国在油菜"薹用"产业发展的最新成果，编写过程中尽可能广泛收集资料，注重理论联系实际，注重信息量丰富，文字表达力求简练，内容上深入浅出，结构上力求系统完整。希望此书的出版能为我国油菜"薹用"的发展起到积极的推动作用。

衷心感谢所有参编人员的精心编撰，感谢中国农业科学院油料作物研究所、华中农业大学、西南大学、湖北省农业农村厅、浙江省农业科学院、江苏省农业科学院、常德市农林科学研究院、上海市农业科学院、湖南省农业科学院、河南省农业科学院、四川省农业科学院、信阳市农业科学院、绵阳市农业科学院等单位的大力帮助和支持。在编写过程中，除参考文献附录列出的公开出版物外，还参考了一些其他资料和研究成果，同致谢意！

受编者专业和水平所限，书中不足之处敬请专家和读者批评指正！

常海滨

2021 年 3 月

目 录

第一章 油菜薹简介 ·················· 1

  一、甘蓝型油菜薹的起源 ·················· 1

  二、甘蓝型油菜薹的品质 ·················· 2

  三、甘蓝型油菜薹的功效 ·················· 5

第二章 油菜薹品种介绍 ·················· 7

  一、"硒滋圆1号" ·················· 7

  二、"硒滋圆2号" ·················· 9

  三、"中油高硒1号" ·················· 10

  四、"中油高硒2号" ·················· 12

  五、"大地95" ·················· 13

  六、"狮山菜薹" ·················· 15

  七、"油薹928" ·················· 16

  八、"油薹929" ·················· 16

  九、"常香薹502" ·················· 17

  十、"常香薹601" ·················· 18

  十一、"沣绿1号" ·················· 19

第三章　油菜薹栽培技术 …… 20

　　一、选择良田 …… 20

　　二、整地施肥 …… 20

　　三、选择良种 …… 22

　　四、种子处理 …… 23

　　五、适时播种 …… 23

　　六、田间管理 …… 25

　　七、适时采摘 …… 30

第四章　油菜薹菜谱 …… 34

　　一、榨汁篇 …… 34

　　二、炒篇 …… 36

　　三、凉拌篇 …… 43

　　四、煎炸篇 …… 46

　　五、蒸煮篇 …… 51

　　六、涮火锅 …… 55

　　七、腌（干）菜篇 …… 56

第五章　推广应用典型案例 …… 58

　　一、富硒油菜薹 …… 58

　　二、黄冈翡翠油菜薹 …… 58

三、汉阴富硒油菜薹 ························· 59

四、信阳"一菜两用" ························ 60

五、宁波"万年青"菜干 ······················· 61

六、荆州脱水油菜薹 ························· 62

七、"天天吃"油菜薹 ························ 63

八、"忘不了"油菜薹 ························ 64

九、"快乐青年"咸油菜薹 ····················· 65

第六章　油菜薹产业发展建议 ················ 66

参考文献 ································· 68

第一章 油菜薹简介

我国素有食用油菜薹的历史,《本草纲目》有云:"芸薹,寒菜,胡菜,薹菜,油菜。此菜易起薹,须采薹食,则分枝必多,故名全薹",其性凉,味甘,入肝、脾、肺经,具有活血化瘀、解毒消肿、润肠通便、强身健体等功效。

一、甘蓝型油菜薹的起源

2015年,西南大学李加纳"黄大年式教师团队"联合中国农业科学院蔬菜花卉研究所及美国佐治亚大学,开始进行甘蓝型油菜群体遗传学研究。从全世界选择了588份有代表性的甘蓝型油菜材料,团队的37名研究人员对材料进行了全基因组重测序。团队还结合中国农业科学院蔬菜花卉研究所王晓武团队的199份白菜和119份甘蓝重测序数据,从这些材料的共性、变异性等情况追根溯源,查找甘蓝型油菜的"家庭情况"。经过大量分析研究,团队得出结论,约7 000年前,甘蓝型油菜由地中海地区白菜品种里的欧洲芜菁和甘蓝品种里的苤蓝、花菜、西兰花、中国芥蓝4种甘蓝的共同"祖先"杂交而成。

因此,甘蓝型油菜是甘蓝和白菜经过杂交加倍以后进化而来的,甘蓝和白菜都是人们喜爱的可口蔬菜,油菜薹做蔬菜具有天然的起源和进化的科学基础。经过育种专家的努力,现在的双低油菜品种芥酸和硫甙含量显著降低,油菜薹味美营养好,吃起来具有丝丝甜味,同时其钙、硒以及果糖含量均显著高于红菜薹、花菜、白萝卜等其他蔬菜,是一种健康美味的蔬菜(图1-1)。

图1-1 甘蓝型油菜的杂交过程

二、甘蓝型油菜薹的品质

蔬菜的品质包括感官品质和营养品质等方面。感官品质包括色泽、质地、滋味、气味等，蔬菜的营养品质由维生素、蛋白质和矿物质等成分决定。其中，感官品质对消费者的选择有着重要的影响，而营养品质又在一定程度上影响着感官品质。

1. 感官品质

油菜薹具有色泽翠绿、甜度高、纤维素含量低等特点，无论清炒、焯水凉拌、下火锅等均具有色泽青绿、口感脆嫩、风味独特等特点，和青菜薹等相比，油菜薹不容易"出水"，比较"耐炒"，出锅后造型也比较好看，不会"软塌塌"，容易勾起人的食欲。同时，油菜薹的生长采摘期一般在冬春季，气温偏低，虫害发生较轻，基本不使用化学药剂进行防治，是公认的绿色健康蔬菜。综合分析，油菜薹是一种具有较高感官品质的蔬菜。

2. 营养品质

油菜薹富含对人体有益的膳食纤维、可溶性糖、胡萝卜素、维生素

A、维生素 B_1、维生素 C、维生素 E、钙、硒、钾及其他矿物质元素等，同时对人体有害的镉元素含量较低，其综合营养品质优于常见蔬菜（表1-1）。

表1-1　几种菜薹品质分析结果（100g 菜薹含量）

检测指标	甘蓝型油菜薹	红菜薹	白菜薹
热量（kcal）	20	29	25
膳食纤维（g）	1	0.9	1.7
胡萝卜素（μg）	1 110	80	960
维生素 A（μg）	185	13	160
维生素 C（μg）	54	57	44
钙（mg）	92	26	96

数据来源：湖北省农业厅。

湖北省农业农村厅的检测结果表明，油菜薹相较于湖北地区经常食用的红菜薹和白菜薹，其热量较低，富含胡萝卜素、维生素 A、维生素 C 和钙，营养品质较高（表1-2）。

表1-2　油菜薹与青菜（上海青）品质比较

营养元素指标	油菜薹	上海青
锌（mg/kg）	6	4.2
硒（mg/kg）	0.008 3	0.005 2
维生素 C（mg/100g）	43.8	16.2
维生素 B_1（mg/100g）	0.041	0.039
维生素 E（mg/100g）	0.766	0.666
可溶性糖（g/100g）	0.92	0.56
胡萝卜素（g/kg）	0.038	0.021

数据来源：浙江省农业科学院。

浙江省农业科学院的检测结果表明，油菜薹相较于大众经常食用的上海青，其锌、硒、维生素C、维生素B_1、维生素E、可溶性糖、胡萝卜素等对人体有益的元素含量均较高，营养品质较高（表1-3）。

表1-3 油菜薹与其他蔬菜微量元素比较

样品	硒（mg/kg）	镉（mg/kg）	钙（mg/kg）	镁（mg/kg）	铁（mg/kg）	锌（mg/kg）
白萝卜	0.074	0.142	6 021	4 002	1 315	26.5
生菜	0.111	0.463	5 877	6 455	3 431	40.2
上海青	0.07	0.579	13 313	7 424	1 310	36.2
包菜	0.064	0.04	3 396	3 302	130.5	14.7
大白菜	—	—	4 872	3 713	55.04	48.8
花菜	0.088	0.118	4 156	3 879	433.2	47.8
红菜薹	0.171	0.206	3 529	4 599	242.8	74.4
菠菜	0.093	0.299	6 105	14 867	7 568	102.6
莴苣	0.088	0.57	6 817	8 771	1 050	48.6
"中油高维1号"	0.133	0.1	10 354	5 738	145.5	31.2
"中油高硒1号"	0.149	0.194	13 122	4 163	235.3	31.5
"中油高硒2号"	0.283	0.232	13 120	6 470	169.1	28.5

数据来源：中国农业科学院油料作物研究所。

中国农业科学院油料作物研究所检测结果表明，"中油高维1号""中油高硒1号""中油高硒2号"3个油菜薹品种和常见蔬菜品种比较，对人体比较有利的硒、钙含量较高，而对人体非必需的有害元素镉的含量较低（表1-4）。

表1-4 油菜薹与其他蔬菜微量元素比较

样品	铁（μg/g）	锰（μg/g）	铜（μg/g）	锌（μg/g）	硒（μg/kg）
油菜薹1	118.798	23.735	4.337	3.665	12.467
油菜薹2	124.612	36.817	4.880	3.810	10.529
上海青1	139.893	27.857	7.410	6.081	5.919
上海青2	298.539	39.333	9.733	7.003	4.884

数据来源：上海市农业科学院。

上海市农业科学院的检测结果表明,油菜薹相较于上海青,其对人体比较有利的硒元素含量较高(表1-5)。

表1-5　油菜薹与广东菜心品质检测比较

样品	维生素C (mg/100g)	还原糖 (g/100g)	总糖 (g/100g)	锌 (mg/kg)	硒 (mg/kg)
油菜薹	81.5	3.2	3.1	10	0.029 0
广东菜心	52.0	1.0	1.0	10	0.002 1

数据来源:温州市农业科学院。

温州市农业科学院的检测结果表明,温州嘉友生物科技有限公司选育的甘蓝型油菜薹"嘉友菜心1号"与广东菜心相比较,维生素C高近1.6倍、还原糖高3.2倍、总糖高3.1倍、硒高10倍,油菜薹具有很高的营养价值。

三、甘蓝型油菜薹的功效

(1)增强男性生殖功能。油菜薹中硒的含量较高,而硒元素具有显著促进睾丸支持细胞增殖以及镉损伤保护的功能。同时,油菜薹的钙含量也较为丰富,而钙对增强精细胞活力也有重要作用。因此,油菜薹具有较强的"增精功能",食用油菜薹对调整精子活动的内环境,提高精子质量,增强男性生殖能力具有一定的临床意义。

(2)增强人体免疫力。油菜薹富含对人体有益的膳食纤维、可溶性糖、胡萝卜素、维生素A、维生素B_1、维生素C、维生素E、钙、硒、钾及其他矿物质元素等,尤其是硒元素含量较高,对镉、铅、铜等多种有毒元素具有拮抗作用,有助于增强机体免疫能力。

(3)降低血脂。油菜薹为低脂肪蔬菜,且含有膳食纤维,能与胆酸盐和食物中的胆固醇及甘油三酯结合,并从粪便排出,从而减少脂类的吸收,故可用来降血脂。

(4)解毒消肿。油菜薹中所含的植物激素,能够增加酶的形成,对进入人体内的致癌物质有吸附排斥作用，故有防癌功能。

（5）宽肠通便。油菜薹中含有大量的植物纤维素，能促进肠道蠕动，增加粪便的体积，缩短粪便在肠腔停留的时间，从而治疗多种便秘，预防肠道肿瘤。

第二章 油菜薹品种介绍

一、"硒滋圆1号"

"硒滋圆1号"（图2-1、图2-2）是由中国农业科学院油料作物研究所王汉中院士团队利用聚合杂交、小孢子培育、分子标记辅助选择等现代育种手段，成功育成的全球首个硒高效薹用油菜杂交种，具有如下特点。

（1）硒高效。在不施加外源硒的非富硒土壤中，可生长出硒含量在 0.01～0.07 mg/kg 的油菜薹，达到富硒蔬菜标准（硒含量＞0.01 mg/kg）。

（2）多高品质合一。具有高硒、高钙、高维生素C、高氨基酸、高锌的特性。

（3）抽薹早，产量高。播种后一般2个月即可采摘，一次种植，可采摘 3～4 茬，全国15个试点平均产量 700 kg/亩（1亩≈$667m^2$，15亩=$1hm^2$，全书同），最高可达 1 500 kg/亩以上。

（4）广适。环境适应性强，对温度和光周期无特殊要求，可四季抽薹。

（5）适口性好。颜色翠绿、口感脆嫩。

（6）杂种优势。生长旺盛、可保护产权。

该品种适宜在冬油菜区种植，生产高端功能型油菜薹。

图 2-1 "硒滋圆 1 号"全株（常海滨 拍摄）

图 2-2 "硒滋圆 1 号"菜薹（常海滨 拍摄）

二、"硒滋圆 2 号"

"硒滋圆 2 号"（图 2-3、图 2-4）由中国农业科学院油料作物研究所王汉中院士团队在"硒滋圆 1 号"品种基础上选育出的专用菜用杂交种。"硒滋圆 2 号"同样具有高硒、高钙、高维生素 C 和高锌的特性，相比于"硒滋圆 1 号"，"硒滋圆 2 号"具有以下两大优势。

（1）更早薹。2020 年 8 月 18 日在武汉播种，"硒滋圆 1 号"10 月 18 日（60 天）抽薹，"硒滋圆 2 号"10 月 3 日（45 天）抽薹。

（2）硒富集能力更强。在武汉非富硒土壤中种植，2020 年 8 月 18 播种，播后 60 天，"硒滋圆 1 号"菜薹硒含量 0.048 1 mg/kg，"硒滋圆 2 号"菜薹硒含量达 0.084 1 mg/kg，比"硒滋圆 1 号"高 74.8%。

2020 年 12 月，"硒滋圆 2 号"油菜薹亮相武汉市第十七届农博会，得到广大市民喜爱。

图 2-3 "硒滋圆 2 号"全株（常海滨 拍摄）

图 2-4 "硒滋圆 2 号"菜薹（常海滨 拍摄）

三、"中油高硒 1 号"

"中油高硒 1 号"（图 2-5、图 2-6）是中国农业科学院油料作物研究所王汉中院士团队选育的中熟甘蓝型油菜品种，营养生长较旺，抽薹较迟，一般年份 2 月下旬抽薹。该品种植株硒含量 0.149 mg/kg，钙含量 13 122 mg/kg，具有特异的富硒、高钙的成分，对于油菜多功能开发利用是一个优异品种。该品种具有如下特点。

（1）对硒和钙具有优异的富集功能。

（2）营养生长势好，菜薹产量高。

（3）菜、油两用好，菜薹的口感较好，摘薹后科学管理油菜籽产量基本不减产。

该品种已申请植物新品种保护，适宜生产高端功能型油菜薹。

图 2-5 "中油高硒 1 号"全株(常海滨 拍摄)

图 2-6 "中油高硒 1 号"菜薹(常海滨 拍摄)

四、"中油高硒2号"

"中油高硒2号"(图2-7、图2-8)是由中国农业科学院油料作物研究所王汉中院士团队选育的早中熟甘蓝型油菜品种。"中油高硒2号"为早熟油菜品种,可作为春节前上市的高端菜薹,硒含量0.283 mg/kg,钙含量13 120 mg/kg,富集硒、钙能力强,是开发油菜菜用功能的优异品种。该品种具有如下特点。

(1)对硒和钙具有优异的富集功能。

(2)适合春节前或春节期间上市;口感极佳;薹再生能力强,可摘两茬甚至三茬。

该品种已申请植物新品种保护,适宜生产高端功能型油菜薹。

图2-7 "中油高硒2号"全株(常海滨 拍摄)

第二章 油菜薹品种介绍

图 2-8 "中油高硒 2 号"菜薹（常海滨 拍摄）

五、"大地 95"

"大地 95"[登记号 GPD 油菜（2020）420063]（图 2-9、图 2-10）是中国农业科学院油料作物研究所培育的甘蓝型薹肥两用油菜新品种，具有前期生长势强、植株生物量大、菜薹口味好、后期木质素含量低、易于腐熟等特点，9 月底前播种在湖北大部分地区可以年前采摘菜薹，采摘 2~3 次，亩产油菜薹 500~1 000 kg。该品种菜薹经中国农业科学院油料作物研究所测试中心检测，蔗糖 2.97 g/100g，钙 2 772.5 mg/kg，铁 65.44 mg/kg，钾 37 175 mg/kg，镁 762.0 mg/kg，锌 41.4 mg/kg，硒 0.540 mg/kg，营养物质丰富。

该品种适宜性广，全国油菜产区均可种植。

图2-9 "大地95全株"(常海滨 拍摄)

图2-10 "大地95"菜薹(常海滨 拍摄)

六、"狮山菜薹"

"狮山菜薹"（图2-11）是由华中农业大学马朝芝教授选育的甘蓝型早熟自交不亲和两系杂交油菜新品种，其父母本分别是自交系"2503"和自交不亲和系"70A"。该品种幼苗半直立，叶片浅黄色，叶缘浅锯齿、浅裂刻，叶面凹凸明显，叶柄、叶脉白色，有蜡粉，叶缘缺刻呈波状。株高50～60 cm，株型紧凑，开展度45～50 cm，叶色浅绿，叶柄、叶脉白色，有蜡粉。莲座叶5～8片，阔卵形，一般有叶柄。主薹1根，抽生早；侧薹7～8根，发侧薹的同时形成功能叶；孙薹15～20根；薹长28～33 cm，横径1.5～1.8 cm，单薹质量40～50 g。该品种具有如下特点。

（1）品质优良。据农业农村部食品质量监督检验测试中心（武汉）检验，其蛋白质含量3.08%，可溶性糖含量1.19%，含水量90.39%，维生素C含量85.86 mg/100g，粗纤维含量1.32%。

（2）特早熟。在武汉地区种植，若8月中旬播种，9月中下旬可以采，始收期约35天；若8月底播种，10月中旬可以采薹，始收期40天左右；若9月中旬播种，11月上旬可以采薹，始收期50天。

（3）适宜性强。该品种耐热耐冷，秋季高温、阴雨低温等年份均可种植，播种期弹性大，适宜于长江流域冬油菜区种植。

图2-11　"狮山菜薹"（马朝芝　拍摄）

七、"油薹928"

"油薹928"(图2-12)是由常德市农林科学研究院选育出的甘蓝型早熟油菜薹新品种。该品种幼苗半直立,叶色深绿色,叶片大小适中,顶叶近圆形,叶缘缺刻中等,裂片7片,主茎蜡粉少,在1.6万株密度下薹茎粗1.78 cm,单薹重97.25 g。该品种具有如下特点。

(1)早熟性好。湖南9月底播种,从出苗至采薹(平头期)110天左右,比沣油737早10天左右。

(2)菜薹产量高。2017—2018年湖南省5点新品种比较试验中,平均亩产1 371.75 kg;2018—2019年湖南省5点新品种比较试验中,平均亩产1 394.89 kg,两年平均亩产1 383.32 kg。

(3)营养成分高。能量191 kJ/100g、总膳食纤维2.89 g/100g、钙509 mg/kg、维生素C 80.7 mg/100g、胡萝卜素$1.24×10^4$ μg/100g。

(4)适应性强。抗(耐)菌核病、病毒病、霜霉病、抗倒病能力强,全国油菜产区均可种植。

图2-12 "油薹928"(常德市农林科学研究院 提供)

八、"油薹929"

"油薹929"(图2-13)是由常德市农林科学研究院选育出的甘蓝型

早熟油菜薹新品种。该品种幼苗直立，叶色中等绿色，叶片大小适中，顶叶近椭圆形，叶缘波浪形，裂片 5.2 片，叶柄长度中等，在 1.6 万株密度下薹茎粗 1.34 cm，单薹重 36.81 g 左右。该品种具有如下特点。

（1）早熟性好。湖南地区 9 月底播种，从出苗至采薹（平头期）70 天左右。

（2）菜薹产量较高。2017—2018 年湖南省 5 点新品种比较试验中，平均亩产 1 371.75 kg，2018—2019 年湖南省 5 点新品种比较试验中，平均亩产 1 394.89 kg，两年平均亩产 1 383.32 kg。

（3）营养成分较高。能量 177 kJ/100g、总膳食纤维 2.55 g/100g、钙 519 mg/kg、维生素 C 48.3 mg/100g、胡萝卜素 1.12×10^4 μg/100g。

（4）适应性强。抗（耐）菌核病、病毒病、霜霉病、猝倒病能力强，全国油菜产区均可种植。

图 2-13 "油薹 929"（常德市农林科学研究院 提供）

九、"常香薹 502"

"常香薹 502"（图 2-14）是由常德市农林科学研究院选育出的甘蓝型优质高产极早熟油菜薹新品种，湖南 9 月底直播，从出苗至平头期采主薹 50 天左右，叶色中等绿色，叶缘缺刻浅，叶长 12.3 cm，薹叶宽 9.1 cm，薹粗 1.31 cm，薹叶比 0.94，单重 37.3 g。该品种具有如下特点。

(1) 口感脆甜，纤维素含量低。

(2) 商品性好，叶片大小适中，薹叶比合理，叶片蜡分少。

(3) 再生能力强，产量高。

(4) 抗病性、抗寒性强，早熟性好，全国油菜产区均可种植。

图 2-14 "常香薹 502"（常德市农林科学研究院 提供）

十、"常香薹 601"

"常香薹 601"（图 2-15）是由常德市农林科学研究院选育出的甘蓝型优质高产极早熟油菜薹新品种，湖南 9 月底直播，从出苗至平头期采主薹 60 天左右，叶色深绿，叶缘缺刻浅，薹叶长 10.12 cm，薹叶宽 9.40 cm，薹粗 1.34 cm，薹叶比 1.17，单重 34.80 g。该品种具有如下特点。

(1) 口感脆甜，纤维素含量低。

(2) 商品性好，叶片大小适中，薹叶比合理，叶片蜡分少。

(3) 再生能力强，产量高。

(4) 抗病性、抗寒性强，早熟性好，全国油菜产区均可种植。

促进种子发芽，注意沟灌时水不能漫过畦面。

（2）及时间苗补苗。10月中旬油菜薹幼苗5~6片叶时及时间苗，去弱苗留壮苗，去小苗留大苗，一般间苗1~2次；缺苗应及时补栽。10月下旬油菜薹幼苗7~8片叶时开始定苗，保持苗间距15 cm左右，每亩保苗18 000株左右。

（3）合理追肥油菜薹生长到6叶期时，每亩追施尿素5 kg，第1次摘薹前1~2天补施一次薹肥，每亩追施尿素5 kg，肥力水平高、长势好的田块可以不补施薹肥，前两次摘薹后3~5天内及时追肥，每亩追施尿素5~10 kg、氯化钾2 kg。

（4）病虫害防治油菜薹病害主要有病毒病，虫害主要有菜青虫、小菜蛾、蚜虫、跳甲、潜叶蝇、猿叶虫等，按照"预防为主，绿色防控"的原则，以农业防治、物理防治、生物防治为主，化学药剂防治为辅。①农业防治采用合理耕作制度，轮作换茬，避免与十字花科作物连作；培育壮苗；清洁田园，杀灭菜青虫虫蛹；及时清除杂草和感病植株，及时摘除老叶、黄叶、病叶。②物理防治在菜青虫成虫产卵盛期，用1%~3%过磷酸钙水溶液喷洒叶片，可减少油菜薹植株着卵量50%~70%；每3.3 hm^2（50亩）安装1台频振灯，以诱杀小菜蛾等鳞翅目害虫；田间悬挂黄色粘虫板诱杀蚜虫、跳甲和潜叶蝇，每亩悬挂20张；在田埂堆放菜叶、杂草等诱集猿叶虫。③生物防治在菜青虫2龄幼虫高峰期前可用20%除虫脲悬浮剂或25%灭幼脲悬浮剂500~1 000倍液喷施，菜青虫3龄幼虫高峰前可用4 000 IU/μL苏云金杆菌悬浮剂800倍液喷施。人工饲养或田间插赤眼蜂、瓢虫卵卡释放赤眼蜂、瓢虫，可减少蚜虫为害，瓢虫还可用于防治猿叶虫，生产期间注意保护天敌。④化学药剂防治油菜薹整个生育期间不需要采用药剂防治病害，只防治虫害。当苗期有蚜株率达到10%以上时，每亩可用10%吡虫啉可湿性粉剂4 000倍液或2.5%溴氰菊酯乳油2 000倍液喷雾，同时预防病毒病。菜青虫防治重点在低龄期，苗期田间百株虫量达到 20～40 头时，每亩可用 20% 氰戊菊酯乳油 3 000 倍液喷雾。小菜蛾防治可用 25% 辛氰（辉丰快克）乳油 1 500 倍液或 4.5% 氯氰菊酯乳油 2 000 倍液喷雾。猿叶虫防治可用 5% 氟虫脲（卡死克）乳油 1 000 倍液或 20% 杀灭菊酯乳油 1 500 倍液喷雾。⑤杂草防除播种覆土后 3 天内用芽前除草剂 50% 乙草胺 200 倍液喷雾，进行土壤封闭除草。油菜薹幼苗 3～4 片叶时，对禾本科杂草发生较重的田块可用 5% 精喹禾灵（精禾草克）乳油或 10.8% 高效氟吡甲禾灵（高效盖草能）乳油 1 000 倍液喷施；对阔叶杂草发生较重的田块可用 50% 草除灵（高特克）悬浮剂 500 倍液喷施。

刘菊等（2020）总结了湖北省荆门市菜用油菜栽培技术要点，在旋田后每亩用 50% 乙草胺乳油 50～60 mL 兑水 40～50 kg 喷雾进行封闭除草；当油菜 1～2 叶时间苗 1 次，3 叶期定苗，确保每亩留苗 2.5 万～3.0 万株；3～5 叶期时，每亩用 17.5% 草除·精喹禾乳油 90～100 mL 或 25% 二氯吡啶酸·烯草酮可湿性粉剂 20～30 g 兑水 40～50 kg 喷雾化杀单、双子叶杂草；直播油菜 5 叶期前，每亩选用 10% 吡虫啉可湿性粉剂 20 g 兑水 100 倍、25% 吡嗪酮可湿性粉剂 4～10 g 兑水 100 倍或 1% 苦参碱水剂 800 倍液喷雾；每亩选用 2.3% 高渗苦参碱水剂 50 mL、1.8% 阿维菌素乳油 25 mL、20% 灭幼脲 1 号乳油 50 mL 等兑水 600 倍喷雾；或者用每 1 mL 含活孢子 100 亿个以上的 Bt 可湿性粉剂 800～1 000 倍液喷雾；在虫卵孵化盛期或 2 龄幼虫发生期施药，用 1.8% 阿维菌素乳油 2 000 倍液、10% 甲维盐水分散粒剂 1 500 倍液、25% 灭幼脲乳油 800 倍液常规喷雾，注意轮换交替用药。于菜地上方 30 cm 处放置黑光灯诱杀小菜蛾成虫。

陈锋等（2011）研究了种植密度和摘薹对双低油菜"宁杂 11 号""宁油 16 号"的菜薹产量、菜籽产量及净收益等的影响。"宁油 16 号"各种植密度处理的菜薹产量高于对应处理的"宁杂 11 号"的菜薹产量，但差异不显著。同一品种不同种植密度处理相比较，以 22.5 万株 /hm² 种植密度小区的鲜薹产量略高于 15.0 万株 /hm² 种植密度小区的鲜薹产量。

王燕等（2007）以薹油两用的"杂 780"为材料，研究不同的播期、密度和采薹长度对油菜菜薹的产量和品质的影响。菜薹粗度随栽培密度的增加而下降；密度适中的单薹重最高；随播期的推迟，根茎粗度下降，主茎变细，单薹重和薹叶重占菜薹总重的比例下降；随栽培密度的增大，菜薹粗度变小，单薹重量下降，菜薹节间变长；肥料的种类和使用方法对菜薹的外形有一定的影响；菜薹纤维素含量随播期的推迟而下降，播期适中密度大、播期适中密度中等的维生素 C 含量最高，不同长度油菜菜薹的干物质含量有较大的差异，粗蛋白和维生素 C 含量无明显差异。陈社员等（2008）对"菜油二用"油菜新品种"湘杂油 780"进行了密度试验，结果表明菜薹产量随密度增加而增加。

李孟良等（2008）以江淮地区推广的"皖油 18""中油杂 10 号""中双 8 号" 3 个优质油菜品种为材料，设计播期和密度试验，研究了品种、播期、密度及其交互效应对优质油菜菜薹、菜籽产量与经济效益的影响。结果表明，播期对菜薹产量影响不显著，品种 × 密度、播期 × 密度、品种 × 播期 × 密度互作效应不显著，品种、密度对菜薹产量有极显著影响。

李孟良等（2008）研究了播期、密度对"双低油菜"菜薹营养成分及菜籽产量的影响，结果表明：品种、密度及品种 × 播期对菜薹产量有极显著影响；选用高产品种、适期早播并适当增加密度能够显著提高菜薹、菜籽和饲用蛋白质产量；以"中油杂 10 号" 8 月 28 日播种，密度 1.2×10^5 株 /hm² 饲用营养产量最高，经济效益最好。

程泰（2015）研究发现不同油菜品种的最高摘薹产量均为中、高密度（2.25×10^5 株 /hm²、3×10^5 株 /hm²）条件下，且同一品种各密度间摘薹产量存在显著差异。

七、适时采摘

最适采摘期由品种特性、生态区域、播种时期、季节气候、栽培技术等因素综合决定。一般而言，主薹生长至一定程度，即薹高 40 cm 左右、花蕾轻微发黄或与顶叶平齐时可以开始采摘。采收主薹后继续采收侧薹可以增加产量，延长采收期。

杨艳斌等（2020）通过硒高效油菜薹新品种"硒滋圆1号"优质高产栽培技术研究，认为当主薹高 35～40 cm 时，摘取主薹上部 15 cm 左右。为便于集中采收和提升菜薹的商品性，也可在抽薹 30 cm 左右时，采摘顶心食用，促进分枝薹早生快发，较快生长，提高菜薹商品质量。主薹采摘后 50 天左右，当分枝薹生长到 25～30 cm，现蕾直径 1～2 cm 时，留下部 1～2 片叶摘取上部嫩薹 15～20 cm。一次分枝薹采摘后，气温回升，二次分枝薹生长较快，一般 15 天左右即可采摘，上部嫩薹带花蕾采摘 15～20 cm。分枝薹因为着生位置有高低，萌发和生长速度是上部快下部慢，同一批菜薹需分期适时采收，确保商品性和高产。

黄威等（2020）认为，摘薹长度应该由品种抗逆性及分枝再生能力、菜薹和菜籽市场售价等因素综合决定。一般情况下，采摘的新鲜菜薹比较脆嫩，菜薹可食用长度远不止顶端的 10 cm 或 15 cm，且摘薹长度越短，菜薹（花蕾）越容易失水萎蔫。当油菜薹市场行情较好时，可以适度增加摘薹长度以提高菜薹产量，当菜薹市场行情较差时，可以适度采摘菜薹以提高或保证油菜籽产量，以实现"油蔬两用"经济效益的最大化。

廖志强等（2020）总结了富硒油菜"薹硒滋圆1号"早熟栽培技术，认为当油菜薹株高 35～40 cm 时，选晴天的清晨或傍晚摘薹，摘薹长度 20 cm 左右，采摘时植株下部保留 3～5 片叶，以利于侧薹生长。全生育期采薹 3～4 次，每亩共收获富硒油菜薹 600～800 kg。

黄芳等（2019）探索了直播"油蔬两用"双低优质油菜部分品种在铜仁市不同摘薹高度对油菜籽产量、菜薹产量及综合效益影响。结果表明，菜薹产量随摘薹高度的增加而增加，油菜籽产量随摘薹高度的增加而降低，摘薹 5～10 cm 增产增效效果极显著，适度摘薹有利于增加油菜综合效益。

周燕等（2017）研究了不同时期摘薹对油蔬两用油菜"油研 10 号"产量、农艺性状和综合经济效益的影响。结果表明，不摘薹虽菜籽产量显著高于摘薹，但综合经济效益较低；摘薹后株高、有效分枝高度、一次有效分枝数、一次有效角果数降低；薹高 60 cm 时摘薹，菜薹产量、全株有效角果数、单株籽粒产量均显著高于其余处理，且综合经济效益最好，纯收入可达 10 274.2 元 /hm^2，较不摘薹增收 19.85%。

梅少华等（2015）以双低油菜品种"华双 4 号"和"中双 10 号"为试验材料，研究了不同种植密度下油菜摘薹的效应以及不同摘薹时间和留薹高度对油菜产量的影响，分析了"一菜两用"技术推广应用效果。结果表明，不同密度条件下摘薹，油菜产量表现明显不同，油菜籽产量以 12 万株 /hm^2 最高，鲜菜薹产量以 15 万株 /hm^2 最高；不同摘薹时间和留薹高度条件下，12 月 23 日摘薹、留薹 12 cm 油菜籽和鲜菜薹产量较高，且菜薹品质好，为最佳摘薹组合；双低油菜"一菜两用"产业化技术的推广应用，实现了油菜平产稳产，显著提高种植效益。

黄华磊等（2013）对"油蔬两用"油菜栽培技术进行了研究，包括油菜摘薹适期研究、大区对比试验、菜薹营养结构分析等以及摘薹次数研究进展概述。试验结果表明，不同的高度摘薹对油菜籽产量影响不明显，但对菜薹产量和总体经济效益有显著影响。摘薹次数的不同，直接影响到菜籽和菜薹的产量以及农艺性状的变化。摘薹后，油菜产量结构发生明显变化，比单收菜籽减产菜籽 17.7%，但纯收入提高了 33.7%，投入产出比约 1∶3.5。薹高 60 cm 时为摘薹最佳时期，摘薹一次产值最高，此时油菜籽产量在摘薹处理中居第二位，菜薹产量居第一位，纯收益最高，而且此时采摘的菜薹茎、叶比例适中，卖相好，口味佳。

易燕等（2012）分析了不同时期摘薹对"黔油 29 号"产量及效益的影响，发现当油菜薹高达 15～21 cm 时摘薹 10～16 cm，其综合生产效益最高。

李海渤等（2010）研究了不同株高条件下摘薹长度对"一菜两用"油菜主要性状的影响，认为不同株高条件下不同摘薹长度对"一菜两用"油菜主要性状具有不同的影响，在油菜株高为 50～55 cm 时摘薹 15 cm 为油菜"一菜两用"最佳时期。

李孟良等（2008）探索了不同摘薹高度对优质油菜产量和效益的影响，发现不同摘薹长度对菜薹、菜籽产量与经济效益具有较大影响，菜薹产量随着摘薹高度的增加而提高，菜籽产量随着摘薹高度的增加而降低，摘薹对油菜的菜薹、菜籽产量与经济效益具有较大影响。随着摘薹高度的增加，株高、每角果粒数均有所降低。摘薹高度过高会导致菜籽减产；摘薹高度适当，不但能够增产菜籽，同时可以增收。当薹高 30 cm 时摘薹较好，摘 10 cm 最佳，基部保留 10 cm 以上，以便分枝。早薹的早摘，迟薹的迟摘，切忌大小薹一起摘而影响菜薹和油菜产量。考虑到油菜薹的外观品质和商品品质，可以考虑摘薹 10 cm 为宜。

田新初等（2007）通过考查品种、播种期、摘薹高度、产量、种植效益等因子，发现在湖北省种植偏早熟的双低油菜品种，在 9 月 5 日前后播种的情况下，当薹高 25～30 cm 时摘薹 15～20 cm 为佳。在每公顷收获鲜菜薹 4 500 kg 左右的情况下，菜籽产量比未摘薹的增加 1%～3%，为 2 175 kg 左右。菜薹产值 4 800 元，菜籽产值 5 250 元，总产值 10 050 元以上，一般为大田油菜产值的两倍，最高每公顷总产值突破了 15 000 元。

胡金和等（2007）对甘蓝型双低杂交油菜"赣油杂 1 号""菜油两用"配套栽培技术进行了研究，在免耕直播栽培条件下，分析了不同的薹肥施用时间、摘薹时期和采摘长度的处理对菜薹、菜籽产量及其经济效益的影响。结果表明，抽薹前施尿素 120 kg/hm²，薹高 30 cm，摘薹 20 cm，菜薹产量及经济效益最高，菜籽产量略有下降，但不显著，产值可达 18 610.2 元 /hm²。

方博云等（2005）探索了摘薹次数对油菜"浙双 72"产量的影响，发现不同摘薹次数对"浙双 72"菜籽产量、菜薹产量、性状影响明显。随着摘薹次数增多，油菜生育期延长，分枝节位明显下降，单株分枝数大幅度增加，千粒重明显减低，菜籽产量降低，但是菜薹产量增高，综合经济效益较好。各摘薹处理比对照增收 3 360 ~ 4 580 元 /hm²，增收幅度 38.8% ~ 52.9%。考虑到生产季节安排等因素，从生产实践来看，"浙双 72"油菜以摘薹 2 次综合经济效益为理想。

吴美娟等（2004）对油菜"浙双 72"摘薹效应进行了研究，发现油菜"浙双 72"摘薹可增加菜薹收入，摘薹后适当施用追肥，有利于增加油菜籽产量，提高油菜生产的综合效益。摘薹适期一般在薹高 35 ~ 45 cm 为宜。

第四章 油菜薹菜谱

一、榨汁篇

1. 浅春撞秋（图 4-1）

图 4-1 浅春撞秋

原料：油菜薹 250 g、苹果半个。

制作方法：

（1）新鲜油菜薹洗净，切成小段备用；

（2）苹果洗净切成小块备用；

（3）新鲜油菜薹小段和苹果块一起放入榨汁机中榨汁；

（4）过滤后，"浅春撞秋"就完成了。

2. 草莓菜薹汁（图 4-2）

图 4-2　草莓菜薹汁

原料：油菜薹 250 g、草莓 500 g。

制作方法：

（1）新鲜油菜薹洗净，切成小段备用；

（2）草莓洗净备用；

（3）新鲜油菜薹小段和草莓一起放入榨汁机中榨汁；

（4）装杯即可。

3. 春华秋实（图 4-3）

图 4-3　春华秋实

原料：油菜薹 250 g、橙子 3 个。

制作方法：

（1）新鲜油菜薹洗净，切成小段备用；

（2）草莓橙子洗净剥皮备用；

（3）新鲜油菜薹小段和橙子瓣一起放入榨汁机中榨汁；

（4）装杯即可。

二、炒篇

1. 万绿丛中一抹红（图 4-4）

图 4-4　万绿丛中一抹红

原料：适量油菜薹、香肠、樱桃番茄、菜籽油、盐。

制作方法：

（1）新鲜的油菜薹洗净后切段备用；

（2）香肠洗净切片备用；

（3）樱桃番茄洗净备用；

（4）炒锅烧热后倒入少许菜籽油，倒入香肠快炒几下盛出，再倒入油菜薹段快速翻炒，油菜薹颜色变深后加入适量食盐后，倒入香肠翻炒均匀装盘；

（5）备用樱桃番茄切开摆盘。

2. 腊肉炒油菜薹（图 4-5）

图 4-5　腊肉炒油菜薹

原料：适量油菜薹、腊肉或者五花肉、大蒜瓣、干辣椒、盐、菜籽油、鸡精。

制作方法：

（1）油菜薹洗净，腊肉切片，干辣椒洗净切成圈，大蒜瓣拍碎备用；

（2）锅烧热加入少许菜籽油，倒入腊肉、辣椒和蒜瓣爆香；

（3）放入油菜薹，加入盐翻炒，出锅前加入少量鸡精；

（4）出锅装盘。

3. 枝繁叶茂（图 4-6）

图 4-6　枝繁叶茂

原料：适量油菜薹、五花肉、大蒜、生姜、生抽、耗油、菜籽油、盐。

制作方法：

（1）油菜薹洗净，五花肉洗净剁成泥加入生抽腌渍几分钟，生姜、大蒜瓣切碎备用；

（2）锅里加水烧开，放入油菜薹快速焯水后过冷水滤干，摆好盘；

（3）锅加热倒入油，加入五花肉末、生姜、大蒜粒、适量耗油和少许生抽，快速翻炒；

（4）最后把汤汁均匀地淋在油菜薹上。

4. 油菜薹炒鸡蛋（图 4-7）

图 4-7　油菜薹炒鸡蛋

原料：适量油菜薹、鸡蛋、干辣椒、菜籽油、盐。

制作方法：

（1）油菜薹洗净焯水备用，鸡蛋加少许盐打散备用，干辣椒切成小段；

（2）锅烧热加入少许油，倒入鸡蛋煎成蛋花装盘；

（3）锅里加入少许油，倒入油菜薹，快速翻炒几次后加入少许食盐，倒入鸡蛋花一起翻炒；

（4）出锅装盘。

5. 春意正浓（图4-8）

图4-8　春意正浓

原料：适量油菜薹、大蒜、干辣椒、菜籽油、盐。

制作方法：

（1）油菜薹洗净焯水，滤干水后切碎，把大蒜瓣拍碎备用；

（2）锅加热后倒入适量菜籽油，加入蒜瓣和油菜薹一起快速翻炒，加入少许盐；

（3）出锅摆造型装盘。

6. 油菜薹炒黑木耳（图 4-9）

图 4-9　油菜薹炒黑木耳

原料：适量油菜薹、黑木耳、菜籽油、盐。

制作方法：

（1）油菜薹洗净控干水切段，泡发好的黑木耳撕成小朵备用；

（2）锅烧热倒入适量的菜籽油，倒入油菜薹和黑木耳快速翻炒，加入适量的食盐；

（3）出锅装盘。

7. 鸿运当头(图4-10)

图4-10　鸿运当头

原料：适量油菜薹、菜籽油、盐、红辣椒。

制作方法：

(1) 油菜薹洗净滤干水，红辣椒切成筒状备用；

(2) 锅烧热后加入油，倒入油菜薹快速翻炒，加入适量食盐出锅装盘；

(3) 在盘里加入筒状辣椒丝。

三、凉拌篇

1. 铿锵玫瑰（图4-11）

图4-11　铿锵玫瑰

原料：适量油菜薹、胡萝卜、大蒜、生抽、耗油、菜籽油、盐、牙签。

制作方法：

（1）油菜薹洗净，胡萝卜削皮后再削成长卷，用牙签穿起，大蒜瓣切碎备用；

（2）锅里加水烧开，放入油菜薹快速焯水后过冷水滤干，摆好盘；

（3）锅加热倒入油，火调小，加入蒜粒、适量耗油和少许生抽，做成酱汁；

（4）将酱汁均匀地淋在油菜薹上，摆上胡萝卜做成的花卷。

2. 绿意盎然（图 4-12）

图 4-12　绿意盎然

原料：适量油菜薹、大蒜、生抽、耗油、香油、橄榄油、盐。

制作方法：

（1）油菜薹洗净，大蒜瓣切碎备用；

（2）锅里加水大火烧开，放入油菜薹快速焯水后过冷水滤干摆盘；

（3）锅加热倒入油，火调小，加入蒜粒、适量耗油和少许生抽，做成酱汁；

（4）将酱汁均匀地淋在油菜薹上，淋上香油。

3. 郁郁葱葱（图 4-13）

图 4-13　郁郁葱葱

原料：适量油菜薹、红辣椒、大葱、生抽、耗油、菜籽油、盐。

制作方法：

（1）油菜薹洗净，辣椒、大葱切丝，大蒜瓣切碎备用；

（2）锅里加水大火烧开，放入油菜薹快速焯水后过冷水滤干，摆好盘；

（3）锅加热倒入油，火调小，加入蒜粒、适量耗油和少许生抽，做成酱汁，均匀地淋在油菜薹上。

四、煎炸篇

1. 玉兔望月（图4-14）

图4-14　玉兔望月

原料：适量油菜薹、鹌鹑蛋、鸡蛋、紫薯、菜籽油、盐。

制作方法：

（1）油菜薹洗净，滤干水，切碎备用，鸡蛋打散，加入切碎的油菜薹芯，加入少许食盐调味；

（2）把鹌鹑蛋煮熟后，雕刻出月兔的造型；

（3）用紫薯削出薄长条，卷出玫瑰花的造型；

（4）平底锅烧热加入少许油，倒入鸡蛋油菜薹液，摊成煎饼；

（5）出锅摆盘。

2. 金屋藏娇（图 4-15）

图 4-15　金屋藏娇

原料：适量油菜薹、春卷皮、鸡蛋、五花肉、菜籽油、盐。

制作方法：

（1）油菜薹剁碎，撒点盐静置一会儿，出水后挤干；

（2）五花肉搅碎加入鸡蛋清，同一方向搅匀加入油菜薹、食盐拌匀；

（3）包好春卷，油锅倒入油烧热后放入春卷，炸至金黄捞出，滤油装盘即可。

3. 齐头并进一肩挑（图 4-16）

图 4-16　齐头并进一肩挑

原料：适量油菜薹、金针菇、五花肉、生抽、老抽、耗油、菜籽油、白糖、葱、姜、红椒、洋葱、牙签。

制作方法：

（1）油菜薹洗净，五花肉洗净沥水切薄片，葱切段，姜切片，红椒切圈，洋葱切丁备用；

（2）将切好的五花肉、葱、姜加适量生抽、老抽、耗油拌匀腌制 15 分钟入味；

（3）焯水：锅内放适量的水，加盐、一小勺油，水烧开后分别放入金针菇、油菜薹烫好，迅速捞起过凉水，油菜薹切段；

（4）卷菜：将五花肉卷入适量的油菜薹、金针菇（各一半），用牙签固定好；

（5）煎制：取平底不粘锅，放少许油，小火慢煎至两面焦黄；

（6）收汁：加入少许盐、糖、老抽、适量水，小火慢焖至收汤；

（7）装盘：取圆盘摆成太阳花，中心放朵盛开的油菜花，撒上红椒圈、洋葱丁即可。

4. 油菜薹盒子（图 4-17）

图 4-17　油菜薹盒子

原料：适量油菜薹、面皮、鸡蛋、五香粉、耗油、菜籽油、盐、酱油。

制作方法：

（1）油菜薹洗净，控水备用；

（2）两个鸡蛋打散，锅烧热放油，做成蛋碎；

（3）油菜薹切碎，将鸡蛋碎和油菜薹充分拌匀，然后再加入五香粉、耗油、盐、少许酱油；

（4）把馅儿和面皮一起包成油菜盒子；

（5）平底锅加热放底油，将包好的油菜薹盒子放入锅中，慢火烙至两面金黄熟透，即可出锅。

5. 油菜饼（图4-18）

图4-18　油菜饼

原料：适量油菜薹、猪肉、面粉、料酒、生抽、菜籽油、耗油、盐。

制作方法：

（1）油菜薹洗净，焯水后过凉水，沥干，剁碎备用；

（2）面粉的1/3用开水和成棉絮状，加入剩余面粉和少量冷水揉成光滑面团；

（3）猪肉洗净剁碎，加入适量料酒、生抽、耗油、盐、少量水搅拌，待水完全被肉吸收，放入葱花和剁好的油菜薹混合；

（4）将馅儿放入面团中，做成面饼；

（5）平底锅加热放入底油，将包好的油菜薹面饼放入锅中，慢火煎至两面金黄熟透即可出锅。

五、蒸煮篇

1. 绿肥红瘦（图 4-19）

图 4-19　绿肥红瘦

原料：适量油菜薹、猪肉、葱、姜、盐、老抽、料酒、生粉。

制作方法：

（1）猪肉绞碎，葱、姜切碎备用；

（2）绞碎的猪肉中加入葱、姜，放盐加入老抽调色，料酒去腥，放入生粉搅拌，腌制备用；

（3）油菜薹切碎放入腌制的肉中搅拌均匀；

（4）水烧开后将馅儿搓成圆子下锅，圆子上浮即可出锅。

2. 翡翠饺（图 4-20）

图 4-20　翡翠饺

原料：适量油菜薹、面粉、猪肉、鸡蛋、生抽、菜籽油、食盐、芝麻油。

制作方法：

（1）少许油菜薹洗净切段榨汁，加入面粉做成面团，面团醒好后再擀成饺子皮，猪肉搅碎备用；

（2）油菜薹切碎撒盐挤出水，加入少许油拌好，再和肉、生抽、芝麻油、鸡蛋清、盐拌均，做成馅料备用；

（3）做成饺子，或煮或蒸或煎即可。

3. 满园春色（图 4-21）

图 4-21　满园春色

原料：适量油菜薹、面粉、肥瘦肉、温水、菜籽油、盐、酱油、料酒、芝麻油、鸡蛋。

制作方法：

（1）温水溶解酵母，将酵母水分多次倒入面粉中，边加水边揉面，最后揉成光滑的面团，室温醒发 1 小时；

（2）猪肉剁碎，加入少许料酒、油和芝麻油搅拌均匀备用；

（3）油菜薹洗净焯水，过凉水沥干，切碎，加入适量油拌匀备用；

（4）剁好的油菜薹和猪肉，加入鸡蛋液、酱油和适量的盐拌匀备用；

（5）将发好的面团揉匀，揪成小剂子，按扁擀成圆皮，加馅儿做成包子，盖湿布发酵 20 分钟；

（6）凉水上屉旺火蒸约 18 分钟，关火焖 5 分钟。

4. 春暖花开（图4-22）

图4-22　春暖花开

原料：适量烧卖皮子、香肠、油菜薹、糯米、菜籽油、盐和胡椒粉。

制作方法：

（1）糯米清洗干净，蒸熟备用；

（2）香肠切成小碎丁，起锅烧油，翻炒后摊凉备用；

（3）油菜薹洗净切碎，加入少量油盐拌匀备用；

（4）炒好的香肠放入蒸好的糯米饭中，加入适量的生抽、胡椒粉、油菜薹拌匀；

（5）做成烧卖，放入蒸锅蒸煮15分钟左右。

六、涮火锅

图 4-23　涮火锅

原料：适量油菜薹、火锅。

制作方法：

（1）油菜薹洗净备用；

（2）油菜薹加入沸腾的火锅中涮煮后即可食用（图 4-23）。

七、腌（干）菜篇

1. 腌油菜薹（图 4-24）

图 4-24　腌油菜薹

原料：适量油菜薹、辣椒、大蒜、食盐。

制作方法：

（1）油菜薹采摘后晾晒至半干装坛，加入辣椒、大蒜、食盐、冷开水压实，封坛 1 个月后即可食用；

（2）腌制后的油菜薹可做咸菜、酸菜鱼、炒鸡蛋等。

2. 脱水油菜薹（图 4-25）

图 4-25　脱水油菜薹

食用方法：取适量的干油菜薹用沸水浸泡 3～5 分钟，取出沥干，可凉拌、制汤、热炒。

第五章　推广应用典型案例

一、富硒油菜薹

2020年12月，由中国富硒产业研究院富硒油菜科研创新团队依托安康天瑞塬生态农业有限公司种植的"硒滋圆1号""硒滋圆2号"富硒油菜薹（图5-1）在汉滨区水景湾社区千鹏源果蔬超市、万友超市、喜盈门超市陆续上市。该菜薹营养丰富、颜色翠绿、口感脆嫩，备受市民青睐。经中国富硒产业研究院富硒油菜科研创新团队努力，目前这2个品种已在汉滨、汉阴、镇坪等县成功试种20多亩，播种后2个月即可采摘，一次种植可采摘3～4茬，亩产量可达600～800 kg，综合效益显著。

图 5-1　富硒油菜薹

二、黄冈翡翠油菜薹

2019年以来，湖北健鼎农业科技有限公司联合黄冈市黄州区强农种植合作社，开展油菜薹种植、销售等活动，种植品种以"硒滋圆1号""大地95""狮山菜薹"等专用型油菜薹品种为主（图5-2），通过对接本地最大连锁超市黄商集团进行销售，同时还通过微信等线上平台销售，部分产品发往上海、苏州等地。平均亩产油菜薹600 kg，超市批发价7.6元/kg，线上零售价10元/kg，每亩利润达到3 500元以上，效益可观。

图5-2　黄冈翡翠油菜薹（李宁　提供）

三、汉阴富硒油菜薹

2020年，汉阴县平梁镇兴汉农机专业合作社在中国富硒产业研究院富硒油菜科研创新团队和王汉中院士工作站专家团队技术指导下，流转350亩土地，采用机械直播和人工直播的方式种植"中油杂19""硒滋圆1号""硒滋圆2号"等新品种油菜（图5-3、图5-4），利用"家在陕南汉阴富硒农产品直营店"销售；从田间地头采摘到市民餐桌，只需1小时，油菜薹颜色翠绿、口感脆嫩、营养丰富，广受群众欢迎。实现亩产菜薹500～700 kg，亩产值近万元。

图 5-3　汉阴富硒油菜薹种植

图 5-4　汉阴富硒油菜薹成品

四、信阳"一菜两用"

2020年，河南省信阳市商城县鄢岗镇尹岗村天运种养植合作社种植油蔬两用型油菜新品种"大地199"（图5-5）400余亩，冬春季幼苗、抽薹当菜吃，夏季收籽榨油；冬季油菜薹由原耕电子商务有限公司负责网上销售，累计销售5 000多单，网销油菜薹15吨，每亩可增收1 500～2 000元。

第五章 推广应用典型案例 61

图 5-5 信阳"一菜两用"（信阳市农业科学院 提供）

五、宁波"万年青"菜干

宁波油菜产于宁波近郊的鄞西平原，宁波城乡居民素有晾制菜蕻干的习惯，而用现代方法加工精制的菜蕻干，色香味俱佳，获得"万年青"的美誉，早已成为宁波的一种传统特产，在国内部分大中城市和香港地区打响。它是以新鲜冬油菜为主要原料，经过脱水处理加工以后得到的一种特殊菜品，这种蔬菜加工好以后，颜色四季碧绿，就像植物万年青一样，它的名字因此得来。由于其特殊的加工工艺，鲜菜中的维生素C和矿物质大多未受损失，所以它虽是干菜，但仍不失口味。夏秋季节，市场上青菜较少，此菜干便是一味很好汤料。目前"万年青"（图5-6）已成为宁波著名的脱水蔬菜品牌，天猫、京东上有多个店铺常年销售。

万年青菜干:保留蔬菜原来的色泽、营养和风味。

图5-6 宁波"万年青"菜干

六、荆州脱水油菜薹

湖北省荆州市荆州区弥市镇农世佳蔬菜产销专业合作社是一家专门从事蔬菜种植、加工与销售的合作社。近几年来,通过种植油菜薹进行脱水油菜薹生产(图5-7、图5-8),产品远销沿海地区,并特供海军,企业实现年利润50万元,并带动周边菜薹种植500亩,辐射周边农户1 000多户。

图5-7 荆州脱水油菜薹包装成品(李宁 提供)

第五章 推广应用典型案例 63

图 5-8　荆州脱水油菜薹（李宁　提供）

七、"天天吃"油菜薹

2020年10月16日，安徽省天长市天天吃农业发展有限公司生产的"天天吃"油菜薹（图 5-9）亮相合肥滨湖全国农展会，该产品以独特的口感、幽香绵长的回味让所有品尝者赞不绝口，成为本届农交会一个亮点。11月15日，天天吃农业发展有限公司在滁州市举行"20万亩油菜薹"助农项目落户天长仪式，举办以油菜薹新品为代表的新农业结构的助农工程、产业布局、品牌建设、渠道拓展等为主题的发布会。计划在天长市共同投资建设20万亩菜稻种植加工基地。建成全球首家规模最大的可食用性油菜薹，集种、加、销为一体的百亿产值的现代农业项目，该项目的实施预计可帮助项目农户亩均增收1 000元。

图 5-9　"天天吃"油菜薹（图片来自网上）

八、"忘不了"油菜薹

安徽马鞍山圣鸿食品有限公司以油菜薹为原料加工腌菜、咸菜等，其生产的"忘不了"油菜薹（图5-10、图5-11）深受消费者喜爱，在各大电商有售。

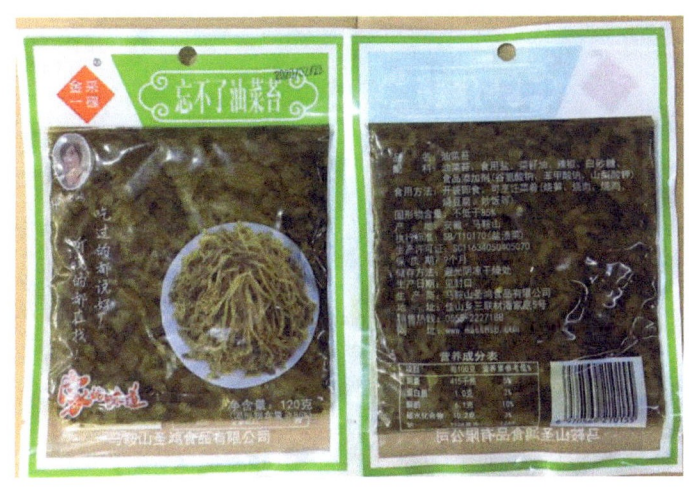

图5-10 "忘不了"油菜薹包装产品

图5-11 "忘不了"油菜薹成品

九、"快乐青年"咸油菜薹

马鞍山快乐青年电子商务有限公司专注打造"青年人自己的小菜",以"快乐青年,好的油菜薹根根嫩"为宗旨,采用"传统+机械"标准化生产车间,从线下本地销售到重点依托电子商务和线上代理销售,将"快乐青年"酱菜(图5-12)送到了千家万户的餐桌,为无数青年送去了快乐。

图5-12 "快乐青年"咸油菜薹

第六章　油菜薹产业发展建议

随着人们生活水平的不断提高，近年来，油菜薹越来越受到政府、相关专家的重视以及消费者的喜爱。但我国油菜薹产业加工目前还处于发展阶段，作为产业链重要的一环，其意义重大。因此，应从油菜薹的市场定位、技术培育、受众广泛、推广方式等方面入手去制定相应的措施，具体如下。

（1）市场定位要高。油菜属于冬季作物，菜薹采摘期间病虫害较少，基本不用化学农药，安全性较好。从国家权威部门提供的检测报告来看，油菜薹的营养品质普遍高于传统的蔬菜品种，非常利于人体健康。同时，油菜薹特有的口感和加工特性也受到消费者的认可。因此，应当把油菜薹定位为一种中高端蔬菜，从品种选择、种植、采摘、加工等环节需加强标准化操作，确保油菜薹产业长远发展。

（2）加强专用品种的选育和应用。当前，油菜薹产业尚处于初级发展阶段，可供选择的专用油菜薹品种不多，基本都是"双低"品种，但并不是仅仅"双低"就适合做菜薹，不同品种之间在菜薹口感、营养指标、采摘特性等方面存在较大差异。建议育种单位要加大油菜薹专用品种的选育，种植户也要选用菜薹专用油菜品种，确保菜薹的品质，才能更好地稳定油菜薹市场。

（3）适合在城郊发展。从推广经验来看，城市人群对油菜薹的健康食用特性接受度较高，尝试和食用的意愿较高，对价格的接受能力较强。从市场反馈的信息表明，城区销售点销量较大，县、乡销售点销量逐步减少。因此，种植户要想实现油菜薹更高的经济效益，建议重点在城郊发展油菜薹产业，便于及时供应市场，同时可以减少物流、仓储等费用，又能以较高的市场价获得回报。

（4）提高油菜薹深加工能力。当前的油菜薹以鲜食为主，又受到传统蔬菜品种的冲击，市场销量毕竟有限。近年来，有的地方尝试将油菜薹开发成腌菜、酸菜、脱水蔬菜等产品，取得了不错的市场效益。因此，要使油菜薹产业更好地发展，必须进一步加大油菜薹深加工技术的研发，丰富油菜薹的产品种类，提高产品保质期限，实现产业链的延长和价值的提升。

（5）加大宣传推广力度。油菜薹虽然是一种健康美味的蔬菜，但是目前尚未被消费者广泛接受，他们还停留在传统的认知中，认为油菜薹不能食用或者口感差，甚至不愿意尝试，更没有把油菜薹放在和红菜薹、白菜薹、上海青等传统蔬菜同等重要的位置。因此，要充分的利用短视频、网络等各种媒介，对油菜薹的营养价值进行宣传和科普，突出油菜薹的功能型和康养型，提高广大消费者对油菜薹的认可度。

（6）加强油菜薹产业标准化建设。当前，油菜薹产业尚处在发展的初级阶段，各个地方在发展油菜薹产业方面也相对随意，在品种选择、栽培技术、采摘技术、保鲜储藏、深加工、产品溯源等方面均缺乏统一的要求和标准，种植油菜薹的主体仍以小、散农户为主，市场买卖也较随意，品牌创建意识相对薄弱，这对油菜薹产业做大做强造成一定的制约。因此，各地在发展油菜薹产业的同时必须加强与蔬菜专业合作社或者企业的对接，从种植、包装、加工、储藏、运输、市场选择、宣传推广、品牌创建、产品溯源等方面进行全程支持和指导，推动产业的健康有序发展，实现油菜薹产业的提档升级。

参考文献

白桂萍,余华强,唐雪辉,等,2011.鄂北地区"一菜两用"油菜高产栽培技术[J].中国种业(1):63.

常海滨,胡海珍,徐全,2019.黄冈市油菜薹推广经验介绍[J].长江蔬菜(16):35-37.

陈锋,张洁夫,戚存扣,等,2011.在不同种植密度下双低油菜宁杂11号、宁油16号摘薹试验研究[J].江西农业学报,23(10):27-30.

陈军,刘道敏,郝睿,2018.油菜新品种大地199"一菜两用"高产高效栽培技术研究[J].安徽科技学院学报,32(4):36-40.

陈社员,官春云,王国槐,等,2008.不同栽培方式对菜油二用油菜新品种湘杂油780菜薹和菜籽产量的影响[J].作物研究(3):166-168.

程泰,2015.直播油菜油蔬两用高效栽培技术研究[D].导师:胡立勇.武汉:华中农业大学.

顿小玲,2019.我国育成全球首个硒高效蔬菜杂交种"硒滋圆1号"[J].粮食科技与经济,44(12):12-13.

黄芳,毛亚勋,芦峰,等,2019.直播油菜不同摘薹高度对产量和效益的影响[J].耕作与栽培(2):26-29.

黄华磊,石有明,杨涛,等,2015.重庆主推油蔬两用油菜品种适宜性分析[J].南方农业学报,46(7):1190-1194.

黄华磊,石有明,周燕,等,2013.油蔬两用油菜栽培技术研究[J].吉林农业科学,38(2):84-86,96.

黄威,常海滨,李宁,等,2020.基于产量和经济效益的油蔬两用油菜品种比较分析[J]. 湖北农业科学, 59(1): 28-31.

孔成, 姚锦波, 2014. 安康市油菜"一菜两用"试验研究初报[J]. 农民致富之友(16): 152-153.

梁晓梅, 吴玉兵, 马朝芝, 等, 2019. 不同播期和定植方式下狮山菜薹产薹特性及菜用品质分析[J]. 长江蔬菜(22): 29-33.

廖志强, 孙亮, 土方, 等, 2020. 富硒油菜薹硒滋圆1号早熟栽培技术[J]. 中国蔬菜(9): 106-107.

刘菊, 侯晓静, 龙飞, 等, 2020. 荆门市菜用油菜栽培技术要点与效益分析[J]. 长江蔬菜(15): 29-31.

马朝芝, 任生林, 周国林, 等, 2020. 播种期对狮山菜薹摘薹始期的影响[J]. 长江蔬菜(4): 43-46.

梅少华, 兰斌, 王少华, 等, 2015. 双低油菜"一菜两用"产业化技术实践与探讨[J]. 湖北农业科学, 54(1): 18-20, 23.

彭国钢, 李逢喜, 薛高尚, 等, 2018. 油菜薹苗期主要虫害及其防控对策[J]. 作物研究, 32(4): 328-329, 336.

彭国钢, 朱传霞, 胡金荣, 等, 2020. 优质高产高抗早熟油菜薹新品种油薹929[J]. 长江蔬菜(6): 43-44.

田新初, 陈爱武, 段志红, 2007. 双低油菜"一菜两用"技术研究与应用（英文）[A]. 湖北省油菜办公室.

王淑芬, 2015. 播期和密度对甘蓝型双低油菜"油蔬两用"菜薹与菜籽产量的影响[J]. 安徽农业科学, 43(23): 80-81, 85.

王埌, 王渝忻, 钟鸣, 等, 2019. 无蜡粉油菜菜薹绿菜薹1号产量及菜薹营养品质分析[J]. 现代农业科技(14): 59-60, 64.

徐洪志, 曾川, 黄涌, 等, 2013. 追施氮肥对夏播菜用油菜营养生长及菜用品质的影响[J]. 安徽农业科学, 41(3): 1069-1070.

徐洪志, 伍勇, 曾川, 等, 2013. 油蔬两用油菜品种筛选标准初探[J].

中国种业(9)：48.

杨艳斌，王新发，刘晟，2020. 硒高效油菜薹新品种硒滋圆1号优质高产栽培技术[J]. 长江蔬菜(22)：30-31.

易燕，徐守波，卢峰，等，2012. 不同时期摘薹对黔油29号产量及效益的影响[J]. 贵州农业科学，40(1)：73-74，78.

周燕，黄华磊，李艳花，等，2017. 摘薹时期对油蔬两用油菜产量和效益的影响[J]. 南方农业，11(7)：1-4.